Mehr von KOSMO & KLAX:

 Jahreszeiten-Geschichten

 Gute-Nacht-Geschichten

Alle Titel der Reihe sind als Buch und als Hörbuch erhältlich.

www.kosmo-klax.de

© Mixtvision Verlag, München 2017
www.mixtvision.de
Alle Rechte vorbehalten.
Lektorat: Martina Kuscheck
Umschlagillustration: Timo Becker
Grafik und Gestaltung: Anke Elbel
Druck und Bindung: Grafisches Centrum Cuno, Calbe

ISBN 978-3-95854-085-9

Alexandra Helmig

Kosmo & Klax
Freundschaftsgeschichten

Mit Illustrationen von Timo Becker

Das große Frühlingsrennen 12

Der Schlammmeister 16

Wo bist du? 20

Der weltbeste Rikscha-Fahrer 24

Der Große Rollmops 28

Doktor Hasenzahn 32

Spielverderber 36

Ein unheimlicher Gast 40

Der pelzige Professor 44

Das Sommertierfest 48

Die Mückenplage 52

Im Land der Steinriesen 56

Es stinkt im Baumhaus 60

Ein schräger Vogel 64

Kürbisallerlei 68

Mir tut alles weh 72

Versumpft 76

Ein Fuß tanzt aus der Reihe 80

Eisschuhe 84

Zacken aus der Krone 88

Kosmo & Klax
und ihre Freunde

Kosmo
ist der heimliche Held der Freunde. Das neugierige Eichhörnchen hat den Kopf voller Ideen. Zusammen mit seinem Freund Klax wohnt Kosmo in einem Baumhaus im Tal des verwunschenen Parks.

Klax
Der kleine rote Ball stürzt sich übermütig in jedes Abenteuer. Eine goldene Krone ist dabei sein ständiger Begleiter. Wenn ihm mal wieder ein Missgeschick passiert, sucht er häufig Schutz bei seinem besten Freund Kosmo.

Herr Mümmelmann
ist ein herzensguter Angsthase, der dies aber nie zugeben würde. Aufgeregt hoppelt er in jedes Abenteuer und beeindruckt seine Freunde mit Charme und Fantasie.

Lili Graumaus

Die Kleinste im Freundeskreis ist nicht zu unterschätzen. Mit ihrer pfiffigen und aufgeweckten Art hilft sie den Freunden oftmals aus der Patsche.

Frau Gans

Die vornehme Dame verlässt das Haus niemals ohne Hut. Mit ihrem Gesang geht sie den Freunden zwar manchmal gehörig auf die Nerven, dennoch ist sie bei allen sehr beliebt.

Bibo Biber

Der geschickte Handwerker ist selten um einen Spruch verlegen. Wie ein Wirbelwind saust er umher und ist bei kleinen und großen Problemen immer zur Stelle. »Wenn es irgendwo brennt und alles pennt, ist es Bibo, der rennt.«

Knabba

Der vielgereiste Weltenbummler ist Kosmos Cousin. Er erscheint nie ohne seine coole Brille und einen Koffer voller Überraschungen.

Das große Frühlingsrennen

Wenn der Wald aus dem Winterschlaf erwacht, bereiten sich alle Tiere auf das große Frühlingsrennen vor. Ein uralter Brauch, mit dem die langen Tage im Sommer begrüßt werden. Junge Gräser, Blätter und Blumen werden innerhalb einer Mannschaft von Teilnehmer zu Teilnehmer weitergegeben. Schon seit Wochen trainieren alle für den großen Tag. Endlich ist es soweit.
Auf dem Alten Spielplatz haben sich die Waldbewohner versammelt.
Frau Gans ist als Erste dran. Sie muss im Laufen gegen Herrn Storch von Bein antreten. Als der Startschuss ertönt, watschelt Frau Gans entschlossen los, doch bereits mit dem ersten Schritt hat Herr Storch von Bein sie überholt.

»Er kann einfach größere Schritte machen«, klagt Frau Gans.

»Keine Sorge«, ruft Kosmo, »das hol ich wieder auf!« Und schon ist er in den Baumwipfeln verschwunden. Doch sein Gegner, ein schwarzes Eichhörnchen, ist auch sehr schnell.
Gerade als Kosmo zu einem besonders weiten Sprung ansetzt, schneidet es die lustigste Grimasse, die er je gesehen hat.
»Uaaa«, schreit Kosmo und fällt vom Baum.
Jetzt liegen alle Hoffnungen auf Bibo Biber. Er muss die Ehre der Freunde retten. Selbstbewusst steht er am Ufer des Sees und zieht energisch den Reißverschluss seines Schwimmanzugs zu.
»Ich bin der König der Schwimmer und ich gewinne immer«, ruft er und stürzt sich ins Wasser.

»Blubb«, macht sein Gegner Heinz. Der dicke, alte Teichkarpfen erreicht mit einem Flossenschlag das andere Ufer.

Schnaufend und prustend spuckt Bibo Wasser aus und flucht vor sich hin.

Auch Herr Mümmelmann hat kein Siegerglück. Beim Hügelhochlaufen stolpert er kurz vor dem Ziel über seine langen Lauscher.
»Das nächste Mal machen wir dir mit deinen Ohren eine Hochsteckfrisur«, tröstet ihn Lili Graumaus.
Jetzt gilt es. Auf der letzten Rennstrecke muss einer der Freunde haushoch gewinnen, nur dann haben sie noch eine Chance auf den Sieg. Die gegnerische Mannschaft entscheidet sich für das Rehkitz Olli. Alle schauen zu Klax.
»Wieso ich?«, fragt er unsicher. »Ich kann doch gar nicht rennen.«
»Aber du kannst rollen«, flüstert ihm Kosmo ins Ohr.
Da holt Klax tief Luft, rollt zur Hügelkuppe und stürzt sich mutig den Abhang hinunter. Immer schneller und schneller rollt er. Die Freunde halten den Atem an. Das Rehkitz ist fast genauso schnell wie Klax, doch plötzlich prallt der kleine Ball gegen eine Wurzel, die ihn hoch in die Luft und in einem weiten Bogen ins Ziel schleudert.
»Gewonnen«, jubeln die Freunde und fallen sich in die Arme. Bis spät in die Nacht feiern alle zusammen ein großes Frühlingsfest.

Der Schlamm-meister

Heute findet das Schlammfest der Wildschweine statt«, freut sich Kosmo.

»Oh wie toll«, quietscht Klax. »Kommt der Schlammkönig auch wieder?«

»Bestimmt«, sagt Kosmo, »der muss doch seine Krone verteidigen.«

Der Schlammkönig Ludo ist ein muskelbepacktes Wildschwein mit glattrasierter Haut, die rosig glänzt. Seit Jahren gewinnt er jede Schlammschlacht. In diesem Jahr ist sein Herausforderer Okko, ein dünnes, kleingewachsenes Wildschwein.

Punkt zwölf Uhr mittags geht es endlich los. Der Schiedsrichter läutet mit einem Gong die erste Runde der Schlammschlacht ein. Eine Nacktschnecke poliert Ludo ein letztes Mal die Muskeln.

Okko steht entspannt vor der Schlammgrube und mustert seinen Gegner durchdringend.

»Guck mal, wie dünn der ist«, flüstert Lili Graumaus, »den schleudert Ludo doch sofort in die Grube.«

»Ich kann gar nicht hingucken«, ruft Frau Gans und klammert sich an Bibo Biber.

»Aber Okko soll Zauberkräfte haben«, sagt Kosmo.

»Zauberkräfte? Papperlapapp,
der macht sowieso gleich schlapp«,
brummt Bibo Biber gelangweilt.
In diesem Augenblick stolpert Ludo und fällt ohne ersichtlichen
Grund vor Okko in den Matsch. Ein Raunen geht durch die Menge.
»Ich glaub, der kann wirklich zaubern«, flüstert Klax.
Fassungslos rappelt sich Ludo auf und nimmt erneut Anlauf.
Okko hat sich noch immer nicht von der Stelle bewegt.
Da stolpert Ludo über eine Wurzel und fällt der Länge nach hin.
Seine blank polierte Haut ist über und über mit Matsch bedeckt.
»Das, das ist der Wahnsinn«, stottert Herr Mümmelmann und
zwickt Lili Graumaus vor Aufregung ins Bein.
»Hey, du zerquetschst mich gleich«, schimpft Lili.

»Ludo, was ist los? Zeig's ihm«, grölt das Publikum.
Ludo ändert seine Taktik. Langsam geht er auf Okko zu.
Alle halten gebannt die Luft an. Ludo setzt zum finalen Sprung an. Leichtfüßig macht Okko einen Schritt zur Seite und Ludo landet kopfüber im Schlammloch.
»Aus, Schluss, Vorbei«, ruft der Schiedsrichter. »Unser neuer Schlammkönig heißt Okko!«
Das Publikum jubelt.
»Wie hast du das gemacht?«, ruft Klax dem Sieger zu.
Okko lächelt und tippt sich geheimnisvoll an die Stirn.
Kosmo und Klax gucken sich fragend an.
»Mit der Macht der Gedanken,
beginnt der Gegner zu wanken«, erklärt Bibo Biber und strahlt, als ob er selbst Schlammkönig geworden sei.
Alle feiern den großen Gedankenzauberer.

Wo bist du?

Kosmo und Klax spielen mit ihren Freunden Verstecken.
»Du bist dran mit Suchen«, ruft Herr Mümmelmann und tippt Frau Gans auf die Schulter.
»Immer ich«, beschwert sie sich empört.
»Bitte nicht streiten«, piepst Klax.
Da hat Lili Graumaus eine tolle Idee: »Lasst uns doch abzählen.«

*»Eins, zwei, drei, du dickes Ei.
Vier, fünf, sechs, du bist dabei.
Sieben, acht, neun, du kannst dich freuen.
Zum Schluss die Zehn und du musst gehen!«,*

ruft sie und zeigt auf Klax: »Du bist dran.«
Klax stellt sich an einen Baum und beginnt von zehn rückwärts zu zählen.

»… drei, zwei, eins, ich komme.« Er öffnet die Augen und sieht sich suchend um. Niemand ist zu sehen. Oder doch? Sind das nicht die Watschelfüße von Frau Gans hinter der Hecke? Und lugen da nicht die langen Ohren von Herrn Mümmelmann hinter der Wippe hervor? Auch Lili Graumaus oben auf der Rutsche ist schnell gefunden. Sie verrät sich durch ein lautes Niesen. Nur Kosmo ist nirgendwo zu sehen. Gemeinsam suchen die Freunde den ganzen Spielplatz ab. Nichts.

»Kosmo, wo bist du?«, rufen alle im Chor.

»Psst«, flüstert Klax, »ich glaube, da ruft jemand.«

»Hier bin ich, hier unten«, hören sie eine bekannte Stimme.
Lili Graumaus entdeckt Kosmo schließlich in einem Erdloch.

»Was machst du da drin?«

»Ich komme nicht mehr raus«, sagt Kosmo und schämt sich.

»Das verstehe ich nicht. Du bist doch auch reingekommen«,
wundert sich Lili Graumaus und schüttelt den Kopf.

»Stimmt«, sagt Kosmo leise, »aber ich habe hier unten zu viele
Nüsse gegessen.«

»Aha, und jetzt passt du nicht mehr durch das Loch«, stellt
Lili Graumaus fest.

»Ja, mein Bauch ist zu dick«, gibt Kosmo kleinlaut zu.

Die vornehme Frau Gans schmunzelt: »Dann musst du wohl da drin bleiben.«
Alle fangen an zu lachen. Aber natürlich helfen sie ihm doch. Mit aller Kraft ziehen sie gemeinsam an Kosmos Schwanz.
»Eins, zwei, drei und noch einmal ...«
Ruckartig schießt Kosmo aus dem Loch und alle purzeln durcheinander.
»Du bist der König im Verstecken«, ruft Klax und drückt ihm einen Kuss auf die Wange.
»Und deshalb musst du als Nächstes suchen«, grinst Frau Gans.
Alle lachen über Kosmos verdutztes Gesicht.

Der weltbeste Rikscha-Fahrer

Eines Morgens klopft es ungeduldig an der Tür des Baumhauses.

»Knabba ist wieder da«, ruft Lili Graumaus aufgeregt. »Kommt schnell. Er hat ein komisches Ding auf die Wiese gestellt.«

»Knabba«, ruft Kosmo, als sie auf der Wiese ankommen, »was machst du denn hier? Du wolltest doch nach Indien.«

Knabba drückt seinen Cousin überschwänglich an sich. »Mein Lieber, da war ich auch. Aber jetzt bin ich wieder hier. Und habe jemanden mitgebracht. Darf ich vorstellen: Ranjid.«

Neben ihm steht eine kleine, braungefleckte Mungokatze, die einen riesigen Turban auf dem Kopf trägt. »Ah, ihr seid sicher Kosmo und Klax. Seid ihr schon mal Rikscha gefahren?«

Kosmo und Klax gucken verständnislos.

»Äh, was ist eine Rutscha?«, fragt Klax.

»Nix. Lutscha. Rikscha.« Stolz zeigt Ranjid auf ein Fahrrad mit Kutsche, das mitten auf der Wiese steht.

Knabba schwingt sich auf die Rikscha und erklärt: »Damit können wir die Tiere des Waldes überallhin fahren. Niemand muss jemals wieder laufen.«

»Lust auf eine Probefahrt mit dem weltbesten Rikscha-Fahrer?«, fragt Ranjid.

Kosmo und Klax nicken begeistert und klettern auf die mit goldenen Ornamenten verzierten Polster. Lili Graumaus macht es sich auf einem Kissen bequem. Über den Sitzen ist ein buntes Seidentuch gespannt, das die Fahrgäste vor Sonne und Regen schützt.

»Los geht es!« Schwungvoll tritt Ranjid in die Pedale.
Am Waldrand begegnen sie Frau Gans. »Huhu«, ruft sie und schwenkt ihren Hut, »fahrt ihr zufällig zum Teich?«
»Wir fahren überall hin. Steigen Sie ein«, ruft Ranjid.
Die Rikscha platzt jetzt fast aus allen Nähten. Ranjid keucht vor Anstrengung.
Im Wald treffen die Freunde auf Olga, eine vornehme Marderdame. »He, Sie da! Bringen Sie mich zum Froschkonzert am Teich!«
Ranjid legt eine Vollbremsung hin und reicht Olga zum Einstieg die Hand.

Kurz vor dem Ziel bricht mit einem gewaltigen Rumms ein Rad. Die Rikscha kippt zur Seite und die Marderdame landet in einer Schlammpfütze. Empört rappelt sie sich hoch und trippelt schimpfend die letzten Meter zum Teich. »Ich werde Sie nicht weiterempfehlen.«

Betroffen blickt Ranjid zu Knabba. »Mein Freund. Unser Geschäft ist gerade kaputtgegangen. Ich gehe zurück nach Indien.«

»Schade«, murmelt Knabba enttäuscht und klettert aus der Rikscha. »Aber vielleicht habe ich schon eine neue Idee. Ich muss nur noch einmal darüber nachdenken«, sagt er und seine Augen beginnen zu leuchten.

Der Große Rollmops

Kosmo und Klax liegen faul mit ihren Freunden auf der Lichtung herum und genießen die ersten Sonnenstrahlen. Da taucht Knabba am Waldrand auf. »Bonjour, meine Freunde«, ruft er und tänzelt leichtfüßig über die Wiese. Er trägt eine weite weiße Pumphose und einen Turban.
»Knabba«, jubelt Kosmo und fällt seinem Cousin um den Hals. »Wie siehst du denn aus?«
»Das ist mein Knabbalah-Anzug«, erklärt Knabba stolz. »Ich werde Knabbalah-Meister. Nächste Woche habe ich meine Prüfung. Dafür brauche ich noch einen Freiwilligen.«
»Einen Freiwilligen?«, fragt Klax.
»Äh, was ... was muss der denn machen?«, stottert Herr Mümmelmann.
Knabba drückt den Hasen fest an sich: »Du bist genau der Richtige. Wenn du erst den *Großen Rollmops* kannst, wirst du so entspannt sein, dass du nie wieder stotterst.«
Konzentriert beginnt Knabba mit den ersten Entspannungsübungen. Er zeigt Herrn Mümmelmann, wie er seinen Körper zur *Geduckten Heuschrecke* biegen muss.

Danach streckt er den Po in die Luft zum *Drolligen Hund* und erklärt: »Bewegungen sind wie Wellen. Man muss nur mit ihnen schwingen. Und Atmen.«

»Aber ich aaatme doch«, sagt Herr Mümmelmann, während sich Kosmo und Klax leise kichernd den Bauch halten. Herr Mümmelmann streckt seinen Stummelschwanz eifrig in die Höhe, während seine langen Ohren bereits entspannt auf der Wiese liegen.

Bibo Biber beißt in einen Ast, um nicht laut loszuprusten.

»Wunderbar«, ruft Knabba. »Jetzt bist du bereit für den *Großen Rollmops*.« Er atmet tief ein, rollt sich zu einem Ball zusammen und nuschelt: »Ohmmmm.« Geschmeidig macht er einen halben Purzelbaum und bleibt zusammengerollt auf dem Rücken liegen.

»Kleine Rolle, große Welle. Volle Entspannung, auf der Stelle!«, ruft Bibo beeindruckt.

Herr Mümmelmann holt tief Luft und schnürt sich gekonnt mit seinen Ohren zum *Großen Rollmops* zusammen, als ob er noch nie etwas anderes gemacht hätte.

Abwesend blickt er durch die Freunde hindurch: »Knaaabbas grooßer Rollmops ist fantaaastisch.«
Alle staunen!
Knabba triumphiert: »Seht ihr Freunde, Herr Mümmelmann stottert nicht mehr.«
»Aber redet der jetzt immer so langsam?«, fragt Lili Graumaus entsetzt.
Herr Mümmelmann steht auf und zwinkert ihr zu.
»Nur wwwenn ich den Rororollmops mache«, stottert er.
Alle sind erleichtert. Auch Knabba ist glücklich, dass Herr Mümmelmann wieder der Alte ist.

Doktor Hasenzahn

Als Kosmo wie jeden Morgen sein geliebtes Nussmüsli knabbert, macht es plötzlich Krrrr.
»Aua. Mein Zahn«, jammert er und blickt mit schmerzverzerrtem Gesicht zu Klax.
»Was ist denn?«
»Diefe doofe Nuff«, heult Kosmo und hält sich mit der Pfote die Backe.
Klax macht seinem Freund einen Kräuterwickel, aber Kosmos Zahnschmerzen werden immer schlimmer.
Am Nachmittag schaut Herr Mümmelmann vorbei und hat eine Idee: »Ich bringe euch zu Doktor Hasenzahn. Erst heute Morgen habe ich in der Bunten Post wieder einen Bericht über ihn gelesen.«

»Doktor Hasenzahn? Wer ist das?«, fragt Klax neugierig.
»Du kennst den berühmten Wald- und Wiesenzahnarzt nicht?« Herr Mümmelmann schüttelt ungläubig seine Ohren. »Was glaubst du, warum meine Zähne so schön sind?« Er zieht die Oberlippe hoch und präsentiert Klax seine perfekten Hasenzähne.
Kosmo hat Glück und bekommt noch am selben Tag einen Termin bei dem berühmten Arzt.
Doktor Hasenzahn wohnt in einer Steinhöhle aus glatt poliertem Granit am Fuße des großen Felsen. Er hat ein weißes Fell und einen ausgeprägten Überbiss. Herzlich begrüßt er die drei Freunde. »Na, wie geht's denn unseren Beißerchen?«
Herr Mümmelmann strahlt. »Prima. Aber mein Freund Kosmo hat ganz dolle Zahnschmerzen.«

Sofort beginnt Doktor Hasenzahn mit der Behandlung. Als er fertig ist, springt Kosmo überglücklich vom Stuhl. »Es tut gar nicht mehr weh«, jubelt er und hüpft durch die Steinhöhle. Doktor Hasenzahn greift zufrieden nach seinem Möhrensaft, nimmt einen großen Schluck und schaut lächelnd zu Herrn Mümmelmann: »Ich hätte da noch etwas ganz Besonderes für einen Hasen von Welt. Wie wäre es mit einer glatt geschliffenen Knabberleiste?« Stolz zeigt er seine kurzen Schneidezähne.
Verstört schaut Herr Mümmelmann zu Kosmo und Klax. »Ähm, schön«, stottert er, »aber kann ich damit auch noch Möhrchen raspeln?«
»Möhrchen raspeln! Wer braucht denn so was noch? Ich schlürfe täglich meinen Möhren-Ingwer-Saft. Da ist alles drin, was der Hase von Welt braucht.«
»Vielen Dank, Herr Doktor Hasenzahn«, eilt Kosmo Herrn Mümmelmann zu Hilfe. »Aber wir müssen jetzt leider los.«
Er schubst Herrn Mümmelmann aus der Tür.
»Puh, das ist ja gerade noch mal gut gegangen«, sagt Klax, als sie draußen sind.
Dann brechen alle drei in erleichtertes Gelächter aus.

Spiel-
verderber

Klax hat einen Eimer, eine Schaufel und ein kleines Sternförmchen auf dem Spielplatz gefunden. Stolz spielt er mit seinen neuen Spielsachen im Sand.
»Darf ich mitspielen?«, fragt Kosmo und greift nach der Schaufel.
»Nein«, sagt Klax bestimmt und umklammert die Schippe mit beiden Händen, »die hab ich gefunden.«
»Du bist voll gemein und doof«, sagt Kosmo enttäuscht.

Da tauchen Herr Mümmelmann, Lili Graumaus und die vornehme Frau Gans auf.

»Was wird das denn Tolles?«, staunt Frau Gans und deutet auf den kleinen Sandberg vor Klax.

»Ich baue eine Sandburg«, erklärt Klax stolz.

»Dürfen wir auch mitspielen?«, fragt Herr Mümmelmann und greift nach der Schaufel.

»Nein«, ruft Klax und klammert sich erneut an seiner Schaufel fest, »das ist meine Schaufel. Die hab ich gefunden.«

»Phh«, ruft Frau Gans schnippisch und gibt den anderen ein Zeichen, »wir wollen gar nicht mit dir spielen.«

Verärgert wenden sich die drei von dem Spielverderber ab.

Sie rennen hinüber zu Kosmo und wippen auf der großen Wippe paarweise um die Wette.

Neidisch beobachtet Klax seine Freunde, die viel Spaß zusammen haben. Er gibt sich einen Ruck und schleicht sich an die vier heran. »Darf ich mitspielen?«, fragt er kleinlaut.

»Nein«, ruft Kosmo, »jetzt wollen wir nicht mehr mit dir spielen.«

Klax rollt zu seinen Spielsachen zurück und schippt mit seiner Schaufel im Sand herum. Aber es macht gar keinen Spaß mehr. Sehnsüchtig blickt er zu seinen Freunden, die auf der Schaukel herumalbern und lauthals lachen. Nach einer Weile fasst er sich ein Herz und ruft über den ganzen Spielplatz hinweg: »Ihr dürft jetzt auch mit meiner Schaufel spielen, wenn ihr wollt.«

Kosmo, Herr Mümmelmann, Lili Graumaus und Frau Gans verstummen schlagartig und sehen zu Klax herüber. Dann gehen sie langsam auf ihn zu.
»Es tut mir leid«, murmelt Klax, als die Freunde vor ihm stehen, »aber ich ...«
»Ach, schon vergessen«, sagt Frau Gans und nimmt ihm die Schaufel aus der Hand.
Lili Graumaus und Herr Mümmelmann schnappen sich den Eimer und Kosmo teilt sich mit Klax das Sternförmchen.
Gemeinsam buddeln und formen sie die schönste Sandburg, die es je gegeben hat, finden alle.
Besonders Klax.

Ein unheimlicher Gast

Der Mond scheint hell über dem Tal des verwunschenen Parks. Kosmo und Klax sitzen auf der Fensterbank und schauen in den Sternenhimmel. Kosmo erzählt Klax gerade eine seiner Lieblings-Gruselgeschichten, als es unter ihnen laut scheppert.
»Was war das?«, fragt Klax und fasst ängstlich nach Kosmos Schwanz.
In diesem Moment taucht ein großes, weißes Etwas unter dem Baumhaus auf und schwebt geräuschlos über den Alten Spielplatz.
»Gibt es hier Gespenster?«, fragt Klax leise.
»Weiß nicht«, murmelt Kosmo.
Die beiden rücken näher zusammen.
Am nächsten Tag erzählen sie Lili Graumaus, Herrn Mümmelmann und Bibo Biber von ihrem unheimlichen Gast.
»Ein Ge-ge-gespenst?«, stottert Herr Mümmelmann und seine Ohren schlackern vor Angst.
»Das kann nicht sein!«, piepst Lili Graumaus.
Entschlossen klopft Bibo mit seinem Biberschwanz auf einen Baumstumpf und ruft: »Freunde der Nacht, heut um acht, wird das Gespenst zur Strecke gebracht!«
Als der Mond am Abend über dem Alten Spielplatz aufgeht, verstecken sich Kosmo und Klax und die anderen in der Brombeerhecke unter dem Baumhaus. Der Wind heult durch die Baumwipfel. Stunde um Stunde vergeht und es passiert – nichts.
»Da! Da ist es«, zischt Herr Mümmelmann und zeigt zum Alten Spielplatz hinüber.

Das Gespenst flattert gegen die Schaukel, stößt einen erstickten Schrei aus und sinkt regungslos zu Boden. Mit klopfendem Herzen nähern sich die Freunde der Schaukel. Auf dem Boden liegt ein unförmiges, weißes Etwas.
»Das ist ja ein Bettlaken«, sagt Lili Graumaus und zieht vorsichtig daran.
»Guckt mal, das Gespenst hat rosa Watschelfüße«, ruft Kosmo und fängt an zu kichern.
In diesem Augenblick fängt das Bettlaken an zu schnaufen und Frau Gans kommt Stück für Stück zum Vorschein.
»Ach, du dickes Ei, ihr seid's. Ich hab mich so erschrocken! Ich dachte, im Brombeerstrauch sitzen Gespenster.«

»Das haben wir von dir auch gedacht«, sagt Kosmo.
Frau Gans seufzt. »Ich hab Mondscheinkraut gesucht, weil ich doch nachts so schlecht schlafe, aber bis jetzt hab ich noch nichts gefunden.«
»Und wieso unterm Bettlaken?«, fragt Klax.
»Das stand in meinem Buch.« Hilflos guckt Frau Gans in die Runde.
»Wir können dir doch helfen«, meint Lili Graumaus. »Gemeinsam finden wir das Mondscheinkraut bestimmt.«
Alle schlüpfen unter das große Bettlaken und machen sich auf die Suche.

Der pelzige Professor

Kosmo und Klax toben ausgelassen über die große Wiese. »Psst. Psst«, zischt eine kleine, dicke Hummel, die in der Blüte eines Glockenblümchens liegt.

»Oh, Entschuldigung«, murmelt Kosmo erschrocken, »wir haben Sie gar nicht gesehen.«

»Ruhe«, brummt die Hummel ärgerlich.

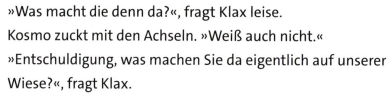

Eine Weile beobachten Kosmo und Klax neugierig, wie sich die pummelige Hummel mit geschlossenen Augen im Blütenkelch räkelt und ab und zu ins Sonnenlicht blinzelt.

»Was macht die denn da?«, fragt Klax leise.

Kosmo zuckt mit den Achseln. »Weiß auch nicht.«

»Entschuldigung, was machen Sie da eigentlich auf unserer Wiese?«, fragt Klax.

»Tsss. Ich bin Professor Brummel. DER Grasforscher«, erklärt die Hummel und wackelt stolz mit ihrem pelzigen Hintern. »Ich erforsche die Gräser. Ich kann sie nämlich wachsen hören. So, und jetzt macht die Fliege. Ich brauche Ruhe.«

Kosmo und Klax kommt das seltsam vor. Sie beobachten, wie Professor Brummel den ganzen Tag auf verschiedenen Blüten in der Wiese herumlungert. Er döst in der Sonne, schlürft zwischendurch einen Nektarsirup und brummt leise vor sich hin.

»Ich glaub, der tut nur so, als ob er Gräser erforscht«, sagt Kosmo.
Auch Klax ist genervt von dem vermeintlichen Professor, denn jetzt können sie nicht mehr ausgelassen über die Wiese toben.
Als es langsam dunkel wird, summt eine elegant gestreifte Hummel mit Fliege um den Hals auf die beiden zu.
»Ich suche meinen Assistenten. Er ist etwas pummelig und schläft gern in irgendwelchen Blüten.

Habt ihr ihn vielleicht irgendwo gesehen?«

Kosmo und Klax sehen sich bedeutungsvoll an. »Meinen Sie vielleicht Professor Brummel, den Grasforscher?«, fragt Kosmo.

»Professor Brummel?« Die Hummel reißt verwundert die Augen auf. »Der Grasforscher bin ich. Dieser Bummel treibt mich noch in den Wahnsinn. Faul und nur Dummheiten im Kopf.«

Kosmo und Klax zeigen dem echten Professor die Blüte, in der Bummel gerade schläft. Gemeinsam rütteln sie am Blumenstängel.

Benommen fällt Bummel aus der Blüte und dem Professor direkt vor die Fühler. »Äh, hallo, Herr Professor Brummel, was machen Sie denn hier?«

»Das frag ich dich, Bummel. Du solltest Grasproben sammeln und nicht schon wieder den ganzen Tag verschlafen.«

Verlegen richtet sich Bummel auf und fliegt taumelnd seinem Professor hinterher.

Kichernd sehen sich Kosmo und Klax an und sind glücklich, dass sie ihre Wiese wieder für sich haben.

Das Sommertierfest

Kosmo und Klax sitzen in ihrem Baumhaus und lassen die Füße baumeln, als Herr Mümmelmann vorbeihoppelt. Aufgeregt wackeln seine Ohren hin und her.

»Ich glaube, er sucht etwas«, flüstert Kosmo.

Erschrocken blickt Herr Mümmelmann nach oben. Als er Kosmo und Klax entdeckt, ruft er ihnen zu: »Ich ... ich will zum Sommertierfest, aber ich kann mich nicht mehr an den Weg erinnern.«

»Oh, da will ich auch hin«, sagt Klax.

Kosmo nickt begeistert.

Herr Mümmelmann strahlt. »Prima! Dann kommt doch mit mir. Gemeinsam suchen macht viel mehr Spaß.«

Klax lässt sich vom Baum purzeln und rollt voran. Kosmo und Herr Mümmelmann folgen ihm.

Es dauert nicht lange, da teilt sich der Weg. Unschlüssig schauen sie sich an.

Zum Glück kommt ein Fuchs vorbei.

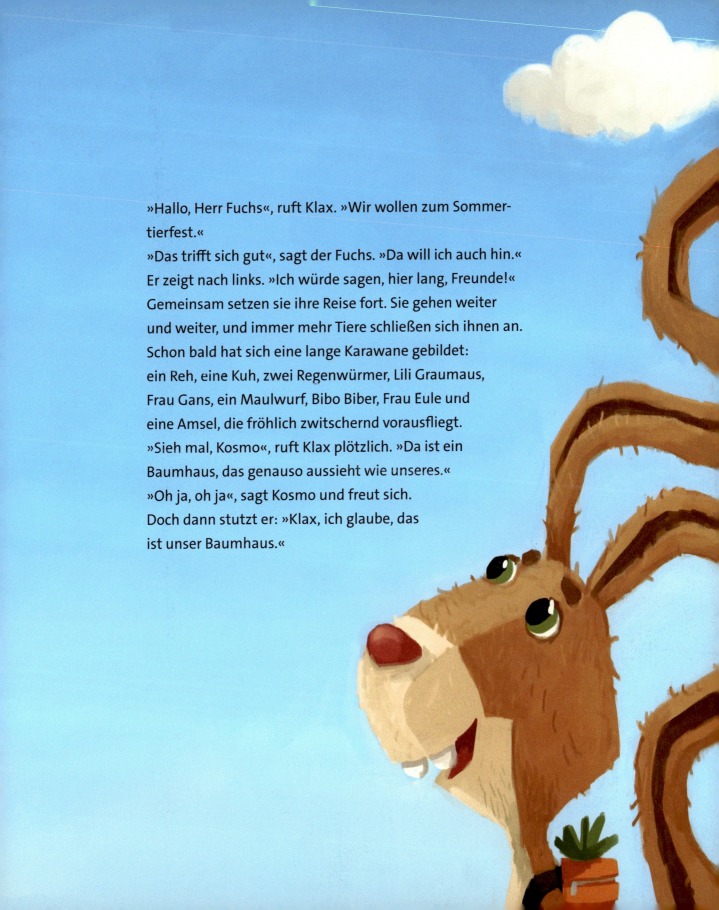

»Hallo, Herr Fuchs«, ruft Klax. »Wir wollen zum Sommertierfest.«
»Das trifft sich gut«, sagt der Fuchs. »Da will ich auch hin.«
Er zeigt nach links. »Ich würde sagen, hier lang, Freunde!«
Gemeinsam setzen sie ihre Reise fort. Sie gehen weiter
und weiter, und immer mehr Tiere schließen sich ihnen an.
Schon bald hat sich eine lange Karawane gebildet:
ein Reh, eine Kuh, zwei Regenwürmer, Lili Graumaus,
Frau Gans, ein Maulwurf, Bibo Biber, Frau Eule und
eine Amsel, die fröhlich zwitschernd vorausfliegt.
»Sieh mal, Kosmo«, ruft Klax plötzlich. »Da ist ein
Baumhaus, das genauso aussieht wie unseres.«
»Oh ja, oh ja«, sagt Kosmo und freut sich.
Doch dann stutzt er: »Klax, ich glaube, das
ist unser Baumhaus.«

Klax' Krone rutscht ihm ins Gesicht. »Jetzt sind wir so weit gelaufen und doch wieder da, wo wir angefangen haben«, sagt er traurig.
Eine ganze Weile sind alle Tiere still und schauen sich ratlos an. Dann hat Kosmo eine Idee: »Ich hab's! Wir feiern unser eigenes Sommertierfest!«

Sie feiern bis spät in die Nacht und nach und nach kommen immer mehr Tiere dazu. Das Reh tanzt mit dem Maulwurf, der Fuchs trinkt mit Bibo Biber Brüderschaft und die Amsel trällert die schönsten Melodien.
Erst im Morgengrauen kehren Kosmo und Klax in ihr Baumhaus zurück. An das schöne Fest erinnern sie sich noch lange.

Die Mückenplage

Im Tal des verwunschenen Parks herrscht eine schreckliche Mückenplage. Der Sumpf ist ausgetrocknet und tausende Stechmücken sind in den Wald umgezogen. Die Tiere leiden, jammern und schimpfen über die vielen Mückenstiche. Nicht mal ein Sprung in den Teich hilft.
Auch Klax hat überall rote Quaddeln. »Das juckt so«, jammert er und schubbert seinen Bauch am Türrahmen.
»Lass das«, sagt Kosmo, »es wird nur schlimmer, wenn du kratzt.«
»Ich sterbe, wenn diese doofen Mücken nicht wieder wegziehen«, schimpft Klax.
»Dann rede ich jetzt mit denen«, sagt Kosmo und rückt entschlossen sein Halstuch in Form.

»Ich komm mit«, ruft Klax und folgt ihm.
Die Stechmücken haben sich auf der Lichtung im Wald niedergelassen. Es sieht aus wie ein schwarzer Teppich. Ein unablässiges Surren erfüllt die Luft. Mutig stapft Kosmo durch das hohe Gras.
»Sssssumssessssssumm«
»Hallo, bitte nicht stechen. Ich muss mit euch sprechen«, ruft Kosmo. »Ihr könnt hier nicht bleiben.«
Als Antwort kommt nur ein noch lauteres Summen. »Smmmmsumsmmmpf«
»Ah, verstehe«, sagt Klax plötzlich und rollt zu Kosmo.
Kosmo sieht ihn verständnislos an.
»Kannst du etwa die Mückensprache?«
»Ja. Ein bisschen, glaube ich«, sagt Klax und ist selbst überrascht.

»Sie sagen, dass sie nur zurückkönnen, wenn im Sumpf wieder Wasser ist.«

Kosmo schaut zum wolkenlosen Himmel hinauf. »Sieht nicht nach Regen aus«, murmelt er.

Angestrengt überlegen sie, was zu tun ist.

Da kommt Bibo Biber auf die Lichtung. Auch er kratzt sich unablässig das Fell.

»Sag mal, Bibo, weißt du, wie man Wasser in den Sumpf kriegen könnte, damit die Mücken wieder wegfliegen?«, fragt Kosmo.

Bibo Biber denkt nach. »Ich hab's!«, ruft er und rast davon. Kosmo und Klax kommen kaum hinterher.

Während der nächsten Stunden hört man im Wald ein unablässiges Hämmern und Klopfen. Bibo Biber fällt einen Baumstamm nach dem anderen.

»Gut genagt und fix geritzt, einen Staudamm bau ich wie der Blitz. Sumpfiges Wasser überall, weg ist er, der Mückenschwall!«

Auch alle anderen Tiere helfen mit und im Nu ist ein riesiger Staudamm fertig. Mit einem lauten »Hurra!« öffnet Bibo Biber die Schleuse und das Wasser strömt in Richtung Sumpf. In einer schwarzen Wolke surren die Steckmücken über die Köpfe der Tiere hinweg. Alle Waldbewohner fallen sich erleichtert in die Arme und feiern ihren Retter: Bibo Biber, der Held mit Kaliber.

Im Land der Steinriesen

Brütende Hitze liegt über dem Tal des verwunschenen Parks. Seit Wochen hat es nicht mehr geregnet. Das Gras auf der großen Wiese ist verdorrt und die Tiere des Waldes finden kaum noch Wasser. Der Bach ist nur noch ein spärliches Rinnsal und der Teichkarpfen Heinz dümpelt in einer stinkenden Schlammpfütze vor sich hin. Frau Eule hat eine Versammlung aller Waldbewohner einberufen.

»Die Quelle unseres Baches versiegt«, verkündet sie. »Wenn das so weitergeht, verdursten wir. Jemand muss nachsehen, warum sie kein Wasser mehr führt.«

»Ich gehe«, sagt Kosmo entschlossen.

»Der Weg ist gefährlich«, sagt Frau Eule, »denn die Quelle des Baches liegt im Land der Steinriesen.«

Ein Raunen geht durch die Menge. Alle wissen, dass man im Land der Steinriesen jämmerlich verdursten kann.

»Ich lass dich nicht allein gehen«, sagt Klax und rollt zu seinem Freund.

»Ich komme auch mit. Ich kann nämlich Wasser riechen«, piepst Lili Graumaus.

Herr Mümmelmann räuspert sich. »Ähm, ich ... ich komm natürlich auch mit«, stottert er und seine Ohren zittern vor Angst.
Als die Freunde im Land der Steinriesen ankommen, wissen sie nicht mehr weiter. Die großen Felsen werfen unheimliche Schatten in den Sand, kein Baum und kein Strauch weist ihnen den Weg.
»Wo ist denn jetzt die Quelle?«, flüstert Klax matt.
Da passiert etwas Merkwürdiges. Ein leises Wispern erfüllt die Luft.
Herr Mümmelmann spitzt seine langen Ohren. »Psst. Die Steinriesen wollen uns etwas sagen. Da ... da entlang«, sagt er und zeigt auf einen Felsen, der aussieht wie eine Löwe.
Kosmo läuft vorneweg.
»Ich kann Wasser riechen«, piepst Lili aufgeregt.
Kosmo blickt in eine dunkle Felsspalte und erschrickt.
Dort sitzt eine große schleimige Kröte, die mit wässrigen Augen nach oben blickt.
»Wer stört?«, quakt sie.

»Du sitzt auf unserer Quelle«, bricht es aus Klax heraus.
»Wir verdursten, wenn du da nicht weggehst.«
»Ich bin so hässlich. Ich bin so einsam. Keiner mag mich«, schluchzt die Kröte heiser.
»Das stimmt nicht. Wir mögen dich und Heinz, unser Teichkarpfen, würde sich bestimmt über eine Freundin freuen«, sagt Kosmo, »der fühlt sich auch oft einsam.«
»Meint ihr wirklich?«
Alle nicken. Langsam kriecht die Kröte aus der Felsspalte. Im selben Augenblick sprudelt Wasser hoch in die Luft und füllt den Bach wieder auf. Erleichtert fallen sich Kosmo und Klax in die Arme. Und Heinz und die Kröte werden beste Freunde.

Es stinkt im Baumhaus

Früh am Morgen wird Klax von einem entsetzlichen Gestank geweckt. »Puh Kosmo«, ruft er, »du hast bestimmt deine Käsesocke unterm Bett liegen lassen.«
»Hab ich gar nicht«, entgegnet Kosmo empört und guckt unters Bett. »Siehst du. Hier ist nichts.«
Klax rümpft die Nase. »Wir müssen dringend putzen«, sagt er.
»Putzen? Och nö.«
»Doch! Es stinkt ekelhaft«, sagt Klax.
Die beiden Freunde stecken sich Wäscheklammern auf die Nasen, holen zwei riesige Eimer voll Wasser aus dem Bach und starten ihre Putzaktion. Schon bald steht das Baumhaus unter Wasser.
»Hui, das macht ja richtig Spaß«, jubelt Klax und schlittert mit einem Putzlappen um den Bauch über das Holz. Kurze Zeit später blitzt und blinkt das ganze Baumhaus. Erwartungsvoll nehmen sie die Wäscheklammern von den Nasen.
»Das kann doch nicht wahr sein«, ruft Kosmo entsetzt. »Es stinkt ja immer noch.«

»Hello«, ruft es in diesem Moment von unten. »Jemand zu Hause?«

Kosmo und Klax schauen aus dem Fenster. Ein schwarz-weiß geflecktes Stinktier mit Cowboyhut und Stiefeln steht am Fuß der Eiche.

»Ich bin Jimmy Müffel. Ich war heute Morgen schon mal hier.«

»Müffel«, rufen die beiden. »Das ist ja lustig. Bei uns müffelt's nämlich ganz doll.«

Jimmy Müffel schaut verlegen auf seine Stiefelspitzen. »Äh ja. Das war ich. Heute Morgen hab ich mich schrecklich erschrocken. Ich hab eure Schatten im Fenster gesehen und dachte, ihr seid riesige Monster. Also hab ich meinen Müffel verschossen. Und der ist direkt in euer Baumhaus geflogen.«

»Hä? Was ist denn dein Müffel?«, fragen die beiden verwundert.

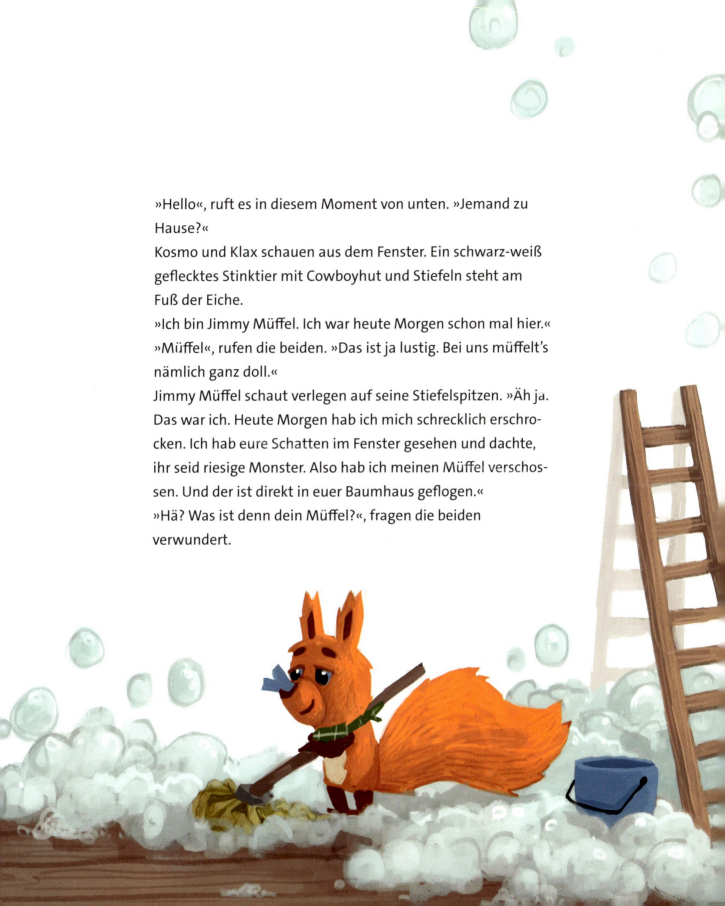

»Das ist ein Saft, den ich aus meinem Po schießen kann, wenn ich Angst habe.«
Kosmo zieht die Augenbrauen hoch. »Dein Müffel ist auf jeden Fall schlimmer als jeder Pups!«, sagt er.
»Und wegputzen kann man ihn auch nicht«, sagt Klax lachend.
»Nein. Aber wenn ich Pfefferminztee trinke, riechen meine Müffel ganz frisch.«
Kosmo und Klax schauen Jimmy Müffel ungläubig an.
»Und das funktioniert?«
»Auf jeden Fall!« Jimmy lacht.
Klax macht einen Pfefferminztee und nachdem Jimmy eine ganze Kanne getrunken hat, lässt er einen Riesenmüffel los. Wenig später duftet das Baumhaus nach frischer Pfefferminze.
»Danke«, ruft Klax und strahlt. »So gut hat es hier noch nie gerochen.«

Ein schräger Vogel

Kosmo und Klax streifen durch den Wald und sammeln Nüsse.

»Kosmo, das ist langweilig. Immer müssen wir deine blöden Nüsse sammeln. Ich hab keine Lust mehr«, mault Klax.

»Ach, komm schon, Klax, wir sammeln doch auch immer frisches Moos für dein Kuschelkissen«, brummt Kosmo und kickt beleidigt einen Ast aus dem Weg.

Schweigend gehen die Freunde weiter.

Da krächzt es plötzlich aus den Baumwipfeln: »Heda, ich bin Jossi. Jossi bin ich. Grün bin ich, fix bin ich, ein Papagei bin ich. Heda!«

Erschrocken blicken Kosmo und Klax nach oben.

»Wer bist du?«, fragt Klax.

»Wer bist du? Wer bist du?«, schallt es aus den Baumwipfeln zurück.
»Das hab ich doch gerade gefragt.« Klax schaut verwirrt zu Kosmo.
»Das hab ich doch gerade gefragt. Das hab ich doch gerade gefragt«, krächzt es erneut von oben.
»Was ist denn das für ein schräger Vogel?«, murmelt Kosmo. Im nächsten Moment landet ein grasgrüner Papagei mit rotem Schnabel auf einem Baumstumpf vor ihnen.
»Ich bin Jossi. Ich will zum Papageienfest ins Regenbogenland, aber mir fehlt ein glitzerbunter Anzug, ein glitzerbunter Anzug«, schnarrt der Papagei. »Könnt ihr mir helfen, helfen?« Kosmo überlegt angestrengt. »Nein, so was haben wir nicht.« Doch Klax hat eine Idee: »Bibo Biber hat so einen glitzerbunten Anzug!«
Aufgeregt flattert Jossi mit den beiden zu Bibos Biberbau. Dort herrscht das reine Chaos. Kosmo erklärt Bibo, dass Jossi seinen bunten Anzug braucht.

Bibo macht sich sofort auf die Suche.
Fassungslos blickt Klax sich in der Unordnung um. »Äh, Bibo.
Wie willst du denn hier deinen Anzug finden?«
Bibo Biber lacht. »Aufräumen ist was für Spießer.
Ich bin Bibo Biber, ein Genießer.«
Er dreht Klax sein Hinterteil zu und zieht aus einem modrigen
Asthaufen triumphierend einen glitzerbunten Anzug
hervor, der mit goldenen Vögeln bestickt ist.
»Haha, hier ist das gute Stück!
Schlüpf rein, mein Lieber und viel Glück.«
Jossi zieht den Anzug über sein Gefieder.
Er ist ein wenig zu groß, aber das ist dem
Papagei egal. Bibo findet noch ein buntes
Tuch, das Kosmo und Klax Jossi um den
Hals binden. Fröhlich flattert der Papagei
zu seinem Fest ins Regenbogenland.
Zufrieden blicken die drei Freunde ihm
hinterher.
»Ich freu mich schon, wenn er wieder kommt
und den Anzug zurückbringt«, sagt Klax und lacht.
»Was für ein schräger Vogel.«

Kürbisallerlei

Es ist Herbst. Süßliche Dunstschwaden wabern durch das Tal. Schon seit Tagen steht Frau Gans in ihrer Küche und macht ihr berühmtes Kürbisallerlei für den Winter ein. Vor ihrer Haustür stapeln sich die Kürbisse. Wie jedes Jahr wird es Frau Gans nicht schaffen alle einzukochen.

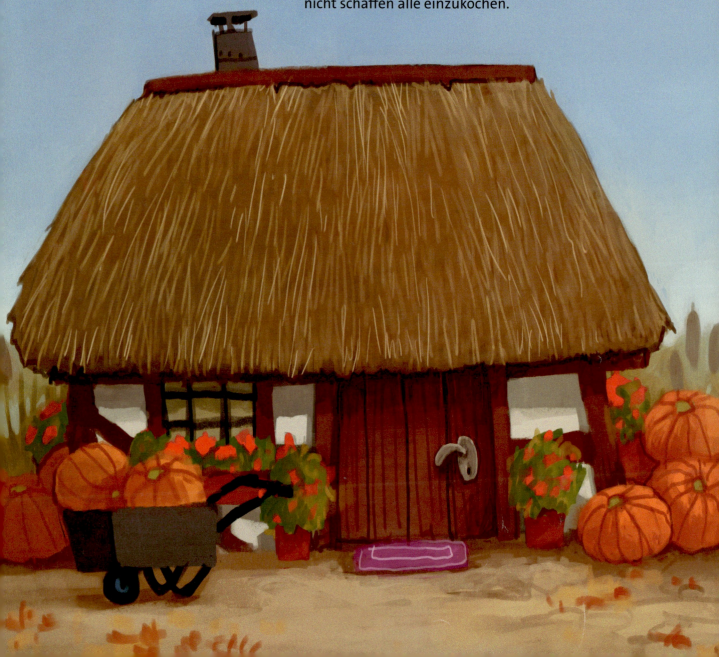

Und wie jedes Jahr wird sie spätestens am vierten Tag jammern, dass ihr die Kürbisse über den Schnabel wachsen.
»Ach, du dickes Ei, ich schaff das nicht. Was mach ich bloß mit all den Kürbissen?«
Lili Graumaus hat eine Idee: »Wir könnten Gesichter in die Kürbisse schnitzen. Und für das gruseligste Gruselgesicht gibt es drei Gläser Kürbisallerlei.«
»Au ja, super Idee!«
Bibo Biber besorgt Hammer, Meißel und Schnitzmesser und alle machen sich begeistert an die Arbeit. Während Klax angestrengt versucht, seinen Kürbis auszuhöhlen, Kosmo sich ständig verknabbert und Lili Graumaus immer wieder an der glatten Kürbishaut abrutscht, pfeift Bibo lustige Lieder und hat bereits seinen zehnten Kürbis fertig.

»Mit meinen Biberzähnen mach ich die schnellsten Ritzer,
ich bin und bleib der weltbeste Kürbisschnitzer.«
Triumphierend schaut er in die Runde. »Sagt Bescheid, wenn ihr
soweit seid.« Dann legt er sich auf die Kürbisspäne und schläft
auf der Stelle ein.
»Angeber«, murmelt Lili Graumaus.
Klax fängt an zu schluchzen: »Ich kann das nicht. Mein Kürbis
hat lauter Löcher, aber kein Gesicht.«
»Sei nicht traurig«, tröstet Kosmo seinen Freund und nimmt ihn
in den Arm. Er schaut zu Bibo Biber, der laut schnarcht.
»Ich weiß, was wir machen«, ruft Kosmo und winkt die anderen
zu sich.
Tuschelnd stecken sie die Köpfe zusammen.
Am Abend liegen alle Kürbisse erleuchtet nebeneinander auf
einem Baumstamm. Jeder hat über seinen Kürbis ein Tuch
gehängt.

Siegesgewiss zieht Bibo Biber den Stoff von seinem Kürbiskunstwerk.
»Buuhuu«, schallt es über die Lichtung und Bibo lässt vor Schreck einen lauten Pups fahren.
Vor ihm erstrahlt das gruseligste Gruselgesicht, das er je gesehen hat. Es ist Klax, der von seinen Freunden mit schwarzer und oranger Farbe in einen Kürbis verwandelt wurde.
Alle halten sich die Bäuche vor Lachen. Bibo Biber guckt einen Moment beleidigt, doch dann lacht auch er und ruft:
»Wolkenpups und Donnerlittchen,
das ist mal 'n Kürbisschnittchen!«

Mir tut alles weh

Steh doch auf«, sagt Klax und zerrt an Kosmos Schwanz. »Es ist so schön draußen.«
»Ich kann nicht, mir tut alles weh«, krächzt Kosmo heiser und zieht sich die Decke über den Kopf.
Klax ist ratlos. Seit gestern will Kosmo weder essen noch spielen. Und jetzt will er nicht einmal mehr aufstehen. Klax macht sich große Sorgen. Frau Eule fällt ihm ein, die kann bestimmt helfen. Er muss nicht lange suchen, denn tagsüber ist Frau Eule immer zu Hause und schläft.
»Frau Eule«, flüstert Klax, »bitte wach auf, du musst Kosmo helfen.«

Als Frau Eule den aufgeregten Klax sieht, ist sie gleich hellwach. Schnell eilt sie mit Klax zum Baumhaus. Dort liegt Kosmo im Bett und wirft sich jammernd hin und her. Frau Eule befühlt Kosmos Stirn. Dann sagt sie mit ernster Stimme: »Kosmo hat hohes Fieber. Er muss jetzt viel trinken und braucht dringend Vitamine, damit er schnell wieder gesund wird.«
»Vitamine, wo gibt's die denn?«, fragt Klax.
»Vitamine sind in Früchten und Gemüse und in ganz vielen anderen Sachen.«
»Aber jetzt im Herbst wächst doch gar nichts mehr«, entgegnet Klax besorgt.
Auch hier weiß Frau Eule Rat: »Geh in den Wald und frag die anderen Tiere, ob sie dir etwas von ihren Wintervorräten abgeben.«
Klax rennt sofort los. Und er hat Glück. Herr Mümmelmann schenkt ihm ein paar Mohrrüben, Lili Graumaus spendet ein großes Glas eingelegter Kirschen und die Amsel bringt getrocknete Stachelbeeren vorbei. Die vornehme Frau Gans hat eine ganz besondere Überraschung. Auf ihrem Kopf trägt sie wie immer einen riesigen Hut, aus dem sie eine große Ananas und zwei Kiwis hervorzaubert.

Auch der Frosch möchte helfen. Er hat eine tote Fliege dabei.
»Vielen Dank, das ist wirklich nett«, sagt Klax, »allerdings hat eine Fliege keine Vitamine.«
»Aber sie schmeckt«, sagt der Frosch, und schwuppdiwupp landet die Fliege auf seiner klebrigen, langen Zunge.
In den kommenden Tagen kümmert sich Klax liebevoll um seinen Freund. Er rührt, schüttelt und mixt die leckersten Säfte. Bald ist Kosmo wieder topfit und die beiden bedanken sich bei allen Tieren, die geholfen haben.
Schön, dass es Freunde gibt!

Versumpft

Seit Tagen hängen tiefe Wolken im Tal des verwunschenen Parks. Trotzdem wollen Kosmo, Klax, Lili Graumaus, Herr Mümmelmann und Frau Gans zur Lagerhalle, um Onkel Rudi und seine Frau Wally zu besuchen.

»Aber nehmt nicht die Abkürzung durch den Sumpf«, warnt Frau Eule.

Doch die Freunde hören ihr gar nicht zu. Bepackt mit Regenschirm, Wollsocken, Schlafsack und Proviant machen sie sich auf den Weg. Kosmo springt fröhlich pfeifend vorneweg.

Hinter dem großen Hügel beginnt der Sumpf. Baumgerippe ragen in den Himmel und ein fauliger Gestank liegt in der Luft.
»Wo ist denn jetzt der Weg?«, fragt Lili Graumaus.
Kosmo zeigt auf einen Tannenzweig, der einen schmalen Pfad durch die Sumpflandschaft markiert. »Hier entlang«, ruft er und setzt entschlossen eine Pfote vor die andere.
»W-w-wollen wir nicht besser zurückgehen?«, fragt Herr Mümmelmann zögernd.
»Sei kein Angsthase«, fiept Lili Graumaus und nimmt ihn an der Hand.
Schritt für Schritt wagen sich die Freunde weiter in den Sumpf.

Plötzlich stolpert Kosmo, kommt vom Weg ab und sinkt langsam im Moor ein.
»Ach du meine Güte!«, schnattert Frau Gans erschrocken.
»Hilfe, ich versinke«, ruft Kosmo und strampelt mit den Beinen.
»Oje, oje, was machen wir jetzt?«, jammert Herr Mümmelmann und versteckt sich hinter seinen Ohren.
»Nicht bewegen. Wir ziehen dich raus«, ruft Lili Graumaus Kosmo zu.
Klax streckt Kosmo seine Hand entgegen, doch sein Arm ist zu kurz.
»Mein Regenschirm!«, schreit Frau Gans.

Verzweifelt versucht Kosmo den Schirmstock zu greifen, doch immer wieder rutscht er an dem glatten Holz ab.
»Deine langen Ohren«, piepst Lili Graumaus und schaut zu Herrn Mümmelmann. »Du musst dich hinlegen«, befiehlt sie. Herr Mümmelmann legt sich flach auf den Boden und schleudert ein Ohr in Kosmos Richtung.
»Ich hab's!«, ruft Kosmo.
Frau Gans packt Herrn Mümmelmann an seinem Stummelschwanz, Klax klammert sich an ihren Watschelfüßen fest und Lili Graumaus dirigiert. Mit vereinten Kräften ziehen die Freunde Kosmo Stück für Stück aus dem Sumpf.
»Puh, fast wäre ich versumpft«, seufzt Kosmo, als er wieder festen Boden unter den Füßen hat. »Danke! Ihr seid die besten Freunde der Welt.«
Wenig später empfangen Onkel Rudi und Tante Wally die Abenteurer mit Kuchen und heißer Schokolade.

Ein Fuß
tanzt aus der Reihe

Kurz vor Weihnachten läuft das Geschäft im Spielwarenladen des Tausendfüßlers Timo auf Hochtouren. Er hat alle Füße voll zu tun. Puppen müssen genäht, Holzschiffe geleimt und Bauklötze gesägt werden. Wie gut, dass er so viele Füße hat! Dieses Jahr haben Kosmo und Klax einige Geschenke für ihre Freunde bei Timo in Auftrag gegeben. Frau Gans soll einen rosa Strickschal bekommen, Lili Graumaus ein selbstgemaltes Käsememory, Herr Mümmelmann Bauklötze in Möhrenform und Bibo Biber wünscht sich ein neues Schnitzmesser.

Kosmo und Klax besuchen Timo in seiner Werkstatt und beobachten fasziniert, wie geschickt seine Füße einander zuarbeiten. Jeder Fuß weiß exakt, was er tut. Einige Füße feilen an orangefarbenen Bauklötzen, während an anderer Stelle Vierecke für Memorys ausgestanzt werden. Die hinteren Füße stricken im Akkord an dem Schal für Frau Gans. Doch plötzlich reißt der Faden und einer der Füße verheddert sich in der Wolle.

»Stopp«, ruft Fuß 574 hektisch, »ich hab mich verfusselt.«
Irritiert schaut Fuß 222 nach hinten.

»Was ist denn los?«, fragt er und vergisst dabei, den Bauklotz weiterzugeben. Sein Nachbar schnitzt derweil ins Leere und stockt ebenfalls.

Ein kleiner Fuß von ganz hinten ruft aufgebracht:
»Ich hab keinen Kleber mehr.«
Inzwischen haben auch die vorderen Füße aufgehört zu arbeiten, weil sie wissen wollen, was da hinten los ist.
Timo ist vollkommen aufgelöst. »So was ist mir noch nie passiert«, ruft er panisch. Verzweifelt blickt er zu Kosmo und Klax und versucht wieder Ordnung in seine Füße zu bringen. Doch es wird immer schlimmer.
»Keine Sorge«, beruhigt ihn Kosmo, »deine Füße müssen sich mal ausruhen.«
»Ausruhen?«, fragt Timo ratlos, »das geht nicht. Ich hab so viel zu tun.«
Klax flüstert Kosmo ins Ohr: »Probier doch mit Timo die Knabbalah-Übung.«
»Gute Idee«, sagt Kosmo verschwörerisch und hebt seine Pfoten.

»Timo! Schau mich an. Kreuze deine vordersten Füße vor deinen Augen, atme tief ein und wieder aus. Und jetzt sprich mir nach: Knabbalahhh und Knabbalohmmm.«
Timo ahmt Kosmos Bewegungen nach und vergisst für einen Moment seine Sorgen. Alle Füße halten still. Kurz darauf spürt Timo ein leichtes Kribbeln in seinen Gliedern und langsam nehmen alle Füße wieder ihre Arbeit auf.
Geschafft! Kosmo und Klax fallen sich in die Arme und sind überglücklich, dass sie Knabbas Knabbalah-Übung weitergeben konnten.

Eisschuhe

Es ist Winter. Seit Wochen herrscht klirrende Kälte. Die Bäume tragen meterhohe Schneehauben. Der Karpfenteich ist mit einer dicken Eisschicht bedeckt und der Bach schlängelt sich als glitzerndes Band durch den Wald. Lili Graumaus hat bereits so viele Mützen, Schals und Handschuhe gestrickt, dass ihre kleinen Pfoten ganz wund sind. Kosmo und Klax haben keine Lust mehr, jeden Tag mit Schneebällen nach Eiszapfen zu werfen oder Karten zu spielen.

»Was können wir denn sonst noch machen?«, fragt Kosmo und sieht Klax erwartungsvoll an.
»Ich finde Winter langsam doof«, entgegnet Klax und wickelt sich einen weiteren Schal um den dicken Bauch.
»Komm, lass uns rausgehen«, sagt Kosmo.
»Mir ist so kalt«, nölt Klax.
»Du musst dich bewegen, dann ist dir auch nicht mehr kalt«, sagt Kosmo und stupst Klax zur Tür.

Dick eingemummelt mit Mütze und Schal laufen sie zum Bach hinunter.
Kosmo rutscht mit den Pfoten über das glatte Eis. »Juchu, das macht Spaß«, jubelt er.
»Find ich nicht. Mir ist kalt am Bauch«, beschwert sich Klax.
Da hören sie von weitem lautes Lachen. Musik schallt durch den Wald.
»Was ist denn da los?«, fragt Klax verdutzt.
Neugierig folgen die beiden dem Klang der Musik bis zum Teich.
»Guck mal, sind das nicht Onkel Rudi und Tante Wally?«, fragt Kosmo.
Am anderen Ufer des Teichs sehen sie Onkel Rudi in eleganten Schwüngen über die Eisfläche gleiten und Tante Wally schwebt wie eine Eisprinzessin neben ihm her.

»Hallo«, rufen Kosmo und Klax den beiden zu. Onkel Rudi saust ihnen entgegen.
Staunend mustert Klax die Pfoten von Onkel Rudi. »Was hast du denn da?«, fragt er.
»Haha, meine neueste Erfindung«, erklärt Onkel Rudi stolz. »Eisschuhe aus Nussschalen. Damit kann man wie der Blitz über das Eis sausen.«
»Oh wie toll! Können wir auch welche haben?«, fragt Kosmo. Onkel Rudi freut sich, dass seine Erfindung so gut ankommt und wenig später hat er auch für Kosmo ein Paar Eisschuhe gebastelt. Für Klax ist ihm etwas ganz Besonderes eingefallen. Ein Bauchschlitten aus zusammengebundenen Tannenzapfen. Damit ist Klax der König auf dem Eis. Niemand kann jetzt so schnell über den Teich flitzen wie er.
Der Winter ist doch ganz schön.

Zacken aus der Krone

Kosmo und Klax toben über den Alten Spielplatz. Sie balancieren über das Klettergerüst und springen von Stein zu Stein. Auf der Schaukel machen sie einen Überschlag nach dem anderen. Plötzlich verliert Klax das Gleichgewicht, schleudert durch die Luft und fliegt in hohem Bogen gegen den Stamm des Baumhauses. Benommen rappelt er sich auf.

»Hast du dir weh getan?«, fragt Kosmo und eilt zu Klax.

»Nichts passiert«, seufzt der kleine Ball und rückt seine Krone zurecht.

»Oje«, ruft Kosmo, »da fehlt ja ein Zacken an deiner Krone. Das bringt Unglück!«

Klax greift sich entsetzt an den Kopf und nimmt die Krone ab. Tränen schießen ihm in die Augen. »Meine Krone wird nie wieder so schön sein, wie sie mal war!«, schluchzt er.

Sie suchen überall. Im hohen Gras, in den Brombeersträuchern und unter den Baumwurzeln – nichts. Als sie fast aufgeben wollen und sich erschöpft ins Gras fallen lassen, bemerken sie ein Funkeln über ihren Köpfen.

»Da ist er ja!«, rufen beide gleichzeitig.

Doch der Zacken steckt so fest in der Baumrinde, dass sie Herrn Mümmelmann und Lili Graumaus um Hilfe rufen müssen. Gemeinsam gelingt es ihnen schließlich, ihn herauszuziehen, doch jetzt haben sie ein neues Problem. Wie befestigen sie den herausgebrochenen Zacken wieder an der Krone?

Sie versuchen, ihn mit Honig anzukleben, doch das funktioniert nicht. Auch der Versuch den Zacken mit Gräsern an die Krone zu binden, scheitert.

Da hat Lili Graumaus den entscheidenden Tipp: »Wir brauchen die klebrigen Tropfen aus einer Blüte vom Wunderbaum.«

»Wo ist der denn?«, fragt Klax.

»Hinter dem Schilf auf der anderen Seite des Sees«, erklärt Lili Graumaus.

Gemeinsam machen sie sich auf den Weg.

Sie haben Glück. Hoch oben im Geäst des Wunderbaums hängt noch eine einzige Blüte. Kosmo klettert flink empor und schöpft ein paar Tropfen aus dem Blütenkelch. Erwartungsvoll tragen sie den Superkleber auf und trauen ihren Augen kaum. Die Krone sieht aus wie neu. Klax strahlt vor Freude. Nur seine Krone strahlt noch heller. Und sie ist sogar schöner als vorher.
»Jetzt bricht mir nie wieder ein Zacken aus der Krone«, sagt Klax glücklich.
»Und wenn doch, weißt du ja jetzt, wo du den Superkleber findest«, sagt Lili Graumaus stolz.

Alexandra Helmig

1975 in Düsseldorf geboren, studierte Kreatives Schreiben
an der LMU München und Schauspiel in Hamburg.
Sie arbeitet heute erfolgreich als Schauspielerin für Theater,
Film und Fernsehen, ist als Sprecherin und Autorin tätig und
wurde für ihr Schaffen bereits vielfach ausgezeichnet.
Im Mixtvision Verlag sind neben der »Kosmo & Klax«-Reihe
bereits ihr Kinderroman »Lua und die Zaubermurmel«
sowie das Bilderbuch »Im Land der Wolken« erschienen.

Timo Becker

geboren 1988 in Bad Pyrmont, studierte Design an der Fachhochschule Münster. Schon neben dem Studium machte
er sich als Eventzeichner und Illustrator selbstständig. Die
Bücher der Reihe »Kosmo & Klax« sind seine ersten Arbeiten
für den Mixtvision Verlag. Heute lebt er mit seiner Familie in
Berlin und kreiert liebevoll verspielte Bildwelten.